Collins
French

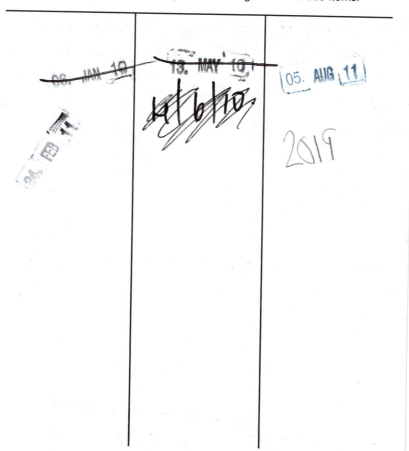

First published in 2009 by Collins
an imprint of HarperCollins Publishers
77–85 Fulham Palace Road
London w6 8jb

www.collinslanguage.com

9 8 7 6 5 4 3 2 1 0

A catalogue record for this book is available
from the British Library

Author: Rosi McNab
Illustrator: Mel Sharp
Designers: Rob Payne and Richard Marston

ISBN: 978-0-00-728757-4

CD recording by Talking Issues
Actors: Claudia Jenkins, Samuel Jenkins,
Laurène Lebrat and Kevin Lebrat

Printed in China through
Golden Cup Printing Services

Contents

Moi et mes copains

1. Me and my friends

Moi
Me

Track 1

Mots à retenir
je / j' I
je suis I am
j'ai I have
mon, ma, mes my

WORDS TO REMEMBER

Nom:	Je m'appelle Cathy
Nationalité:	Je suis française
Age:	J'ai dix ans
Anniversaire:	Mon anniversaire est le quinze avril
Frères et sœurs:	J'ai un frère qui s'appelle Louis
	J'ai une sœur qui s'appelle Camille
Animal:	J'ai un chien qui s'appelle Léo
Domicile:	J'habite à Marseille en France
J'aime:	le sport et la musique

Comment s'appellent-ils?
What are they called?

1. Cathy

3. louis

2. avril

4. Léo

Le détective!
Did you notice?

In French, when you are saying how old you are you say 'I **have** 10 years'

J'ai dix ans

Colle une photo de toi ici et remplis les blancs
Put a photo of yourself here and fill in the blanks

TIP

Astuce
Remember to use *le* or *la* in the last sentence: J'aime **le** tennis et **le** football.

Petit Dico
l'anniversaire birthday
Les mois de l'année
The months of the year
janvier février mars avril mai juin juillet août septembre octobre novembre décembre

Nom: Je m'appelle

....

Age: J'ai .... ans

Anniversaire: Mon anniversaire est le ....

Frères et sœurs: J'ai ....

....

Animal: ....

Domicile: J'habite ....

J'aime: ....

Des frères et des sœurs About brothers and sisters

J'ai I have	**un frère/deux frères** one/two brother(s)
	une sœur/deux sœurs one/two sister(s)
Je n'ai pas I don't have	**de frère/sœur** a brother/sister
	d'animal an animal

Quel pays? How to say which country you live in:
You use **en** with names of countries which end in **-e** and you use **au** or **aux** with all other countries: **la France**; **l'Italie**; **l'Espagne**.

	masculine	feminine	plural
J'habite …	**au Canada**	**en Angleterre**	**aux Etats-Unis**
	au Pays de Galles	**en Australie**	
		en Ecosse	
		en Irlande	

J'aime… Saying what you like:

	masculine	feminine	plural
J'aime I like	**le sport**	**la musique**	**les films**
	le cinéma	**la télé**	**les animaux**

J'adore les vacances! I love holidays!

Astuce
There is a detailed list of nationalities on page 60.

Mon meilleur copain

My best friend [boy]

Écoute le CD et complète la page pour Philippe

Listen to the CD and complete the page for Philippe

Track 2

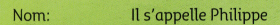

Nom:	Il s'appelle Philippe
Nationalité:	Il est français / anglais / canadien
Domicile:	Il habite à Londres / Paris / Montréal
Age:	Il a dix / onze / douze ans
Frères et sœurs:	Il a une sœur / un frère / un frère et une sœur
Animal:	Il a un chat / un chien / un oiseau
Cheveux:	Il a les cheveux bruns / noirs / roux
Yeux:	Il a les yeux bleus / bruns / verts
Sport préféré:	Son sport préféré est le basket / le football / le tennis

C'est quel animal? Relie les noms avec les images

Which animal is it? Draw lines to match the words to the pictures

un chien

un chat

un hamster

un poisson rouge

un cobaye

un lapin

un oiseau

une souris

Astuce

Do the ones you know first and see what you have left. Can you guess them or do you need to look them up? If you need a dictionary, go online to www.collinslanguage.com.

Ma meilleure copine
My best friend [girl]

Utilise les images pour completer la page pour Sophie
Use the pictures below to complete the page for Sophie

Nom:	Elle s'appelle Sophie
Nationalité:	Elle est française / anglaise / belge
Domicile:	Elle habite à Nice / Paris / Bruxelles
Age:	Elle a onze / douze / treize ans
Anniversaire:	Son anniversaire est le 25 avril / mai / juin
Frères et sœurs:	Elle a un frère / une sœur / deux frères
Animal:	Elle a un chat / chien / poisson rouge
Cheveux:	Elle a les cheveux bruns / noirs / roux
Yeux:	Elle a les yeux bleus / bruns / verts

Astuce
Belge means Belgian. Many Belgians speak French but not everyone does. Some Belgian people speak Dutch instead.

Petit Dico

Il/Elle a les yeux...
(S)he has ... eyes

bleus blue	
bruns brown	
verts green	

Il/Elle a les cheveux...
(S)he has ... hair

blonds fair	**courts** short
bruns brown	**longs** long
roux ginger	**mi-longs** medium length
noirs black	**frisés** curly
	raides straight

Et moi? J'ai les cheveux .... et les yeux ....

Qui c'est?
Who is it?

CÉCILE HÉLÈNE AMÉLIE DIANE

ADÈLE SABINE DAVID HENRI

VINCENT PIERRE XAVIER ANTOINE

Mots à retenir

Est-ce qu'il/elle a...?
Has he/she got...?

Émilie et Adrien jouent. Aide-les à deviner, 'Qui c'est?'
Émilie and Adrien are playing a game. Can you help them guess who the other is describing?

1.
Émilie:	C'est un garçon?
Adrien:	Oui.
Émilie:	Il a les cheveux mi-longs?
Adrien:	Non.
Émilie:	Il a les cheveux noirs?
Adrien:	Oui.
Émilie:	Il a les yeux bruns?
Adrien:	Oui.
Émilie:	Il porte un chapeau?
Adrien:	Non.

2.
Adrien:	C'est un garçon?
Émilie:	Non.
Adrien:	Elle a les cheveux longs?
Émilie:	Oui.
Adrien:	Elle a les cheveux blonds?
Émilie:	Non.
Adrien:	Elle a les yeux bruns?
Émilie:	Oui.
Adrien:	Elle porte des lunettes?
Émilie:	Oui.

Qui c'est?
Who is it?

C'est ....

Qui c'est?
Who is it?

C'est ....

Astuce
If you don't know any of these words, look them up in a dictionary or online.

Est-ce qu'il/elle a ...
Does he/she have ...

les cheveux blonds?
les cheveux bruns?
les cheveux roux?
les cheveux longs?
les cheveux courts?
les cheveux frisés?
les cheveux raides?
les yeux bleus?
les yeux bruns?

Est-ce qu'il/elle porte ... un chapeau?
Does he/she have/wear ... **une moustache?**
une barbe?
des lunettes?

Écoute Sophie, Adrien et Cathy. Qui c'est?

Listen to Sophie, Adrien and Cathy playing the game. Who are they describing?

Track 3

1. ....   2. ....

Écoute les portraits des jeunes du French Club. Écris le bon nom sous chaque dessin

Listen to the descriptions of the French Club kids. Write the appropriate name underneath each picture

Track 4

Sophie   Émilie   Cathy   Luc   Philippe

Adrien

1. ....   2. ....   3. ....

4. ....   5. ....   6. ....

Track 5

Fais travailler la langue!

Cinq chiens chassent six chats

Five dogs chase six cats

MAKE YOUR TONGUE WORK!

MA FAMILLE

2. My family

Mots à retenir

mon grand-père my grandfather
ma grand-mère my grandmother
mes parents my parents
ma mère my mother
mon père my father
mon frère my brother
ma sœur my sister
mon oncle my uncle
ma tante my aunt
mon/ma cousin(e) my cousin

"J'ai deux grands-parents, grand-mère Marie-Louise et grand-père Jacques. Ma mère s'appelle Christine et elle a les cheveux bruns. Mon père s'appelle Ludovic mais ma mère l'appelle Ludo.

Mon frère Vincent a quinze ans. Il a les cheveux blonds et frisés. Ma sœur Marie a quatre ans. Elle a les cheveux longs et roux.

Mon oncle Jules porte une moustache. Ma tante Hélène a les cheveux blonds. Ma petite cousine Lauren a les cheveux blonds frisés.
Mon cousin s'appelle Mathias."

Luc

Qui c'est?
Who is it?

1. .... 2. .... 3. .... 4. .... 5. ....

Le détective!
Did you notice?

The word for 'my' changes depending on when it is used.

Masculine (*le*) words: **mon** *père*, **mon** *frère*, **mon** *oncle*, **mon** *cousin*
Feminine (*la*) words: **ma** *mère*, **ma** *sœur*, **ma** *tante*, **ma** *cousine*
Plural (*les*) words: **mes** *parents*, **mes** *frères*, **mes** *sœurs*, **mes** *grands-parents*

Un arbre généalogique

A family tree

Remplis l'arbre généalogique de Luc

Fill in Luc's family tree. Write the correct name under each picture

.....thomas.....
mon grand-père = ...
ma grand-mère

....
ma tante

....
mon père = ma mère

....
mon oncle

....
mon cousin

....
mon frère

Luc
moi!

....
ma sœur

....
ma cousine

Remplis avec 'mon', 'ma' ou 'mes'

Fill in the missing *mon*, *ma* or *mes*

.... père   .... sœurs   .... mère   .... parents   .... frère   .... frères

Je suis grand

Je suis petit

Je suis petite

Je suis grande

Mots à retenir
grand(e) big, tall
petit(e) small

Qui parle?
Who is speaking?

1. ....

2. ....

3. ....

4. ....

5. ....

6. ....

"J'ai deux grandes sœurs." *Émilie*

"J'ai un petit frère et une grande sœur." *Cathy*

"J'ai un grand frère et une petite sœur." *Luc*

"J'ai un grand frère." *Philippe*

"J'ai une grande sœur." *Adrien*

"J'ai un petit frère." *Sophie*

JOKE

Track 6

Blague!

Un petit garçon fait du vélo:
Regarde, sans une main!
Regarde, sans les deux mains!
Regarde, sans dent!

Petit Dico

faire du vélo riding a bike
regarde! look!
sans without / no
la main hand
le dent tooth

Le détective!
Did you notice?

Both *grand* and *petit* add an -*e* on the end when they are used with a feminine person or thing and they add an -*s* on the end in the plural.

singular		plural	
m	**f**	**m**	**f**
grand	*grande*	*grands*	*grandes*
petit	*petite*	*petits*	*petites*

mon grand frère	but	*ma grande sœur*
mon petit frère	but	*ma petite sœur*

Does it matter if you get it wrong?

Yes, because you don't usually pronounce -*d* or -*t* at the end of a word but when you add -*e* you have to pronounce the -*de* and -*te* so *grand* and *grande* and *petit* and *petite* sound different.

Écoute le CD et barre la phrase qui n'est pas bonne
Listen to the CD and cross out the phrase which isn't right

Track 7

1. "Bonjour! Je suis Émilie et j'ai (deux grands frères/deux grandes sœurs). Ma mère a (un petit frère/deux petits frères). Mon père et mon oncle Gilles ont (une petite sœur/une grande sœur), ma tante Louise."

2. "Bonjour! Je suis Adrien. J'ai (une grande sœur/un grand frère). Ma mère a (deux petits frères/deux petites sœurs) et mon père a (une petite sœur et une grande sœur/un petit frère et une grande sœur). C'est une (grand/grande) famille!"

La famille d'un roi
The family of a king

Bonjour! Je suis Louis XVI, Roi de France de 1773–1793. Voici ma famille:

Petit Dico
le roi king
voici here is/are

Mes grands-parents, Louis XV et Marie Leszczynska

Mes parents, Louis-Ferdinand et Marie-Josèphe

Mes quatre frères et trois sœurs: Marie Zéphyrine, Louis-Joseph, Louis-Xavier, Louis-Stanislas, Charles, Marie-Adélaïde et Élisabeth

Complète le texte avec 'mon', 'ma' ou 'mes'
Complete the sentences with *mon*, *ma* or *mes*

Louis-Ferdinand est .... père et Marie-Josèphe est ....
mère. Louis-Joseph est .... grand frère et Marie-Adélaïde
est .... petite sœur. .... grands-parents s'appellent
Louis XV et Marie Leszczynska.

Louis

Le savais-tu?

Louis XVI married Marie Antoinette when he was just 15 and she was 14! In those days, it was quite common for this to happen. He became king at the age of 20.

Astuce

If you don't know the word for something, why not look it up online? There is a dictionary to help you at www.collinslanguage.com. Type in the English word and it will tell you the French. Easy!

Dessine ton arbre généalogique
Draw your own family tree

Chez moi

3. My house

Qui habite où? Relie les 'personnes' et les maisons
Who lives where? Link the 'people' to their houses

un château

une maison

un chien

un montagnard

un tipi

une ferme

un seigneur

une famille

un chalet

une niche

un fermier

un indien d'Amérique

LE TOIT
roof

LE BALCON
balcony

LA CHEMINÉE
chimney

LA FENÊTRE
window

LES VOLETS
shutters

LE JARDIN
garden

LA PORTE
door

LE MUR
wall

LE GARAGE
garage

Mots à retenir
une maison a house
un appartement a flat
un immeuble a block of flats

Colorie la maison de Jérémie
Colour in Jérémie's house

J'habite à la Martinique aux Caraïbes.

"Ma maison est une villa créole traditionelle. J'habite au bord de la mer. Le toit est rouge, le balcon est blanc, les murs sont jaunes et les volets sont bleus. La porte est verte. J'adore toutes les couleurs différentes."

ROUGE	BLEU	VERT	JAUNE	GRIS	MARRON

BLANC	NOIR	ROSE	ORANGE	VIOLET

Petit Dico
au bord de la mer by the sea
une villa a house
tout(es) all
aux Caraïbes in the Caribbean

Le savais-tu?

Martinique is an overseas territory of France so the money they use is the euro and French is the official language although at home many people speak the local language.

A long time ago Europeans and Africans both settled on the Caribbean islands and developed a new way of life together. *Créole* (or Creole in English) means something that is native to the Caribbean islands but which has its roots in different cultures: colourful houses, bright, patterned clothes, lively music and dance (including limbo dancing) and spicy food are all important parts of Caribbean culture now.

Comment est ta maison? Dessine ta maison
What's your house like? Draw and label your own house

Mon château
My castle

au rez de chaussée
ground floor

LE JARDIN

au premier étage
on the first floor

LA CHAMBRE

LA SALLE À MANGER

LA SALLE DE JEUX

L'ESCALIER

LE SALON   L'ENTRÉE   LA CUISINE

LA SALLE DE BAINS

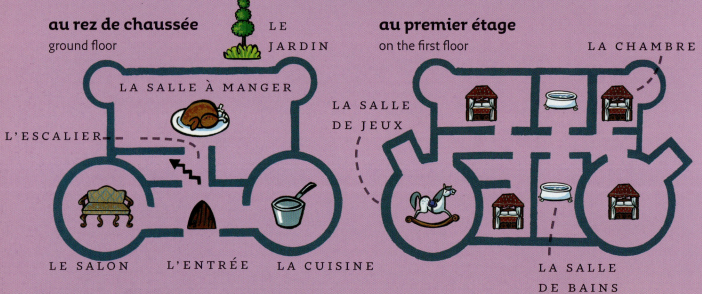

Relie l'image, le mot français et le mot anglais
Link the symbols, to the French word and the English word

la chambre	stairs
la cuisine	garden
l'entrée	sitting room
l'escalier	dining room
le jardin	bedroom
le salon	playroom
la salle à manger	bathroom
la salle de bains	entrance
la salle de jeux	kitchen

Astuce
Do the ones you know
first and see what
you have left

Astuce
Just as we can say 'living
room' and 'lounge' in English,
the French can say either *le
salon* or *la salle de séjour*.
They are basically the
same thing.

Qu'est-ce qu'il y a derrière la porte?
What's behind the door?

le garage
la salle de bains
la salle de séjour
la chambre   la cuisine
la salle de jeux

1. ....

2. ....

3. ....

4. ....

5. ....

6. ....

Dessine un plan de ta maison et complète le texte
Draw a plan of your own house and complete the sentence

Chez moi il y a   ....

....

Ma maison idéale

My ideal house

Track 8

5 CHAMBRES

LA SALLE DE JEUX

LE TERRAIN DE VOLLEY

LE GARAGE

LA CUISINE

LE SALON

LA PISCINE

LE TOBOGGAN

Ma maison idéale est située au bord de la mer.

Au rez de chaussée il y a une grande cuisine et un grand salon avec une télévision numérique. Il n'y a pas de salle à manger parce qu'on mange dans la cuisine. Il y a une grande salle pour jouer à l'ordinateur et aux jeux vidéo.

Au premier étage il y a cinq chambres avec salle de bains, douche et jacuzzi.

Au sous-sol il y a une salle de jeux avec table de ping pong, un garage pour les voitures et les vélos, et une cave avec des boissons.

Dans le jardin il y a un terrain de basket, de volley et des courts de tennis. Il y a une piscine chauffée avec un toboggan, une aire de jeux avec une balançoire et un manège.

C'est parfait!

Mots à retenir

au rez de chaussée on the ground floor
une télévision numérique digital T.V.
il n'y a pas there isn't / there aren't
au premier étage on the first floor
au sous-sol in the basement
dans le jardin in the garden
une boisson drink
une balançoire swing
un manège roundabout

Écoute le CD. Qu'est-ce que Sophie veut avoir chez elle?
Listen to the CD. What would Sophie like to have in her house?

Track 9

3						

Que veux-tu avoir chez toi?
What would you like to have in your house?

Fais un plan de ta maison idéale
Draw a plan of your ideal house

Complète le texte
Complete the text

Ma maison idéale est située au bord de la mer /
à la campagne / en ville / en banlieue / en montagne / ....

C'est un appartement / une maison / un château / ....

Au rez de chaussée il y a ....

Au premier étage il y a ....

Au sous-sol il y a ....

Dans le jardin il y a ....

Petit Dico
à la campagne in the countryside
en ville in a city
en village in a village
en banlieue in the suburbs
en montagne in the mountains

Fais travailler la langue!

Lily lit le livre dans le lit
Lily reads the book in bed

Track 10

LA FRANCE

4. France

C'est français ou pas?
Is it French or not?

Entoure les images des choses françaises
Put a ring round the French things

Astuce
If you can't think of three things or three people, why not go onto the internet and find out some more about France?

Peux-tu noter trois choses françaises?
Can you name three things that are French?

....

Et nommer trois personnages français?
Can you name three French people?

....

Découpe et colle, ou dessine des choses françaises et écris leurs noms
Cut out and stick, or draw some pictures of French things and write their names

Le savais-tu?

People sometimes used to refer to the French as 'Frogs' because frogs' legs were a French delicacy. Snails cooked in garlic butter were also a very popular French meal in days gone by. Although you can still find these dishes in restaurants, a lot of French people don't eat frogs or snails nowadays.

L'ESCARGOT   LA GRENOUILLE

Le détective!
Did you notice?

If you want to say something is **not** or that you do **not** like or do or have something you put *ne* in front of the verb and *pas* after it so it makes a '*ne .... pas* sandwich' around the verb:

ne (verb) *pas*

C'est francais	(It is French)
Ce **n'**est **pas** français	(It is not French)
Je sais	(I know)
Je **ne** sais **pas**	(I don't know)

Astuce
ne is shortened to *n'* when it appears before a vowel – like *n'est*

A Paris
In Paris

Le savais-tu?

Paris is the capital of France. It has many famous buildings and museums. The River Seine runs through the centre of Paris.

Key places

L'Arc de Triomphe The Arch of Triumph is a monument to remember the soldiers killed in the wars that occurred under Napoleon.

La Tour Eiffel The Eiffel Tower is a tower designed by Monsieur Eiffel.

Le Musée du Louvre The Louvre museum used to be the king's palace but now it is a museum which houses the famous painting, the Mona Lisa.

Les Champs Elysées The Champs Elysees is a famous avenue leading to the *Arc de Triomphe*. It is where the parades are held to celebrate national events.

La Seine The Seine is the river which runs through Paris.

La Cathédrale de Notre-Dame Notre-Dame Cathedral, situated on an island in the middle of the River Seine, is the fabled home of Quasimodo, the world's most famous hunchback.

Le Palais de Versailles Over 300 years ago, King Louis XIV, also known as 'The Sun King' *Le Roi Soleil*, had this hunting lodge outside Paris made into an enormous palace because he found the Louvre too small.

Astuce
Remember you do not pronounce –s at the end of a word so *Paris* sounds like *paree*

Trouve les monuments sur le plan, et note le chiffre
Find the monuments on the plan and write down the number

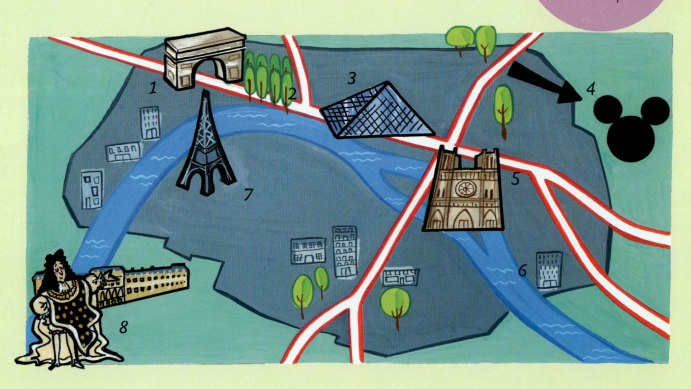

L'Arc de Triomphe ....   La Tour Eiffel ....   Le Musée du Louvre ....

La Seine ....   Les Champs Elysées ...2....   Disneyland ....

La Cathédrale de Notre-Dame ....   Le Palais de Versailles ....

Fais des paires. Relie les images et les endroits
Find the pairs. Link the pictures to the places

LOUIS XIV, LE ROI SOLEIL

la Seine

Astuce
Do the ones you understand first and then see what you have left!

l'Arc de Triomphe

la Cathédrale de Notre-Dame

MONSIEUR EIFFEL

la Tour Eiffel

QUASIMODO

Disneyland

le Palais de Versailles

le Louvre

NAPOLÉON BONAPARTE

Petit Dico
le fils son
aider to help

Track 11

Blague!

Un père à son fils:
Que fais-tu?
Rien.
Et ton petit frère?
Il m'aide!

A father to his son:
What are you doing?
Nothing.
And your little brother?
He's helping me!

Où j'habite

Where I live

La boussole

The compass

N O R D

O U E S T   E S T

S U D

Mots à retenir

j'habite I live
au nord in the north
au sud in the south
à l'ouest in the west
à l'est in the east
au centre in the middle

Où habitent-ils? Trouve les endroits sur la carte et remplis les blancs

Where do they live? Find the places on the map and write the words in the gaps

CATHY

C'est un grand port au bord de la mer Méditerranée, au sud de la France. J'habite à

....

C'est la capitale de la France. J'habite à

....

SAMUEL

LUC

C'est une petite ville au bord de la mer Méditerranée au sud de la France. J'habite à

....

C'est un petit port en Bretagne à l'ouest de la France. J'habite à

....

CAROLINE

ÉMILIE

C'est le terminal de l'Eurotunnel en France. C'est au nord de la France. J'habite à

....

C'est une ville dans les Alpes, au pied du Mont-Blanc. J'habite à

....

ADRIEN

Où habites-tu?
Where do you live?

J'habite à .... au (nord / sud / est / ouest / centre)

.... de ....

C'est une grande ville ou une petite ville?
Is it a big town or a small town?

C'est ....

Que peux-tu dire d'autre au sujet de ta ville en français?
What else can you say about your home town in French?

....

Où habitent-ils? Écoute et remplis les blancs
Where do they live? Listen and fill in the correct answers

Track 12

	small/big town	Where?			
Thomas	*big*	*north*	Hugo		
Charlotte			Manon		
Paul			Julien		
Mélanie			Louise		

Astuce
New words? Look for connections!

i. Some words are just the same as English: *port, terminal*

ii. Some words look a bit like English words: **nor**d (**nor**th); *sud* (**sou**th); *est* (**ea**st)

iii. some words sound like English words: *ouest* (west)

Petit Dico
c'est it is
une ville a town
un port a port
la mer Méditerranée the Mediterranean sea
au pied de at the foot of

ILS SONT COMMENT?

5. What are they like?

Plus grand(e) ou plus petit(e)?
Bigger or smaller?

Je suis plus grand que Marie

Je suis plus petite que Luc

Je suis plus grande que Thomas

Je suis plus petit que Sophie

Astuce
In French if a word ends in -d or -t you don't normally pronounce the -d or -t, you just say *gran(d)* and *peti(t)*. But if the -d or -t is followed by an -e you have to pronounce them *grand(e)* and *petit(e)*.

Le détective!
Did you remember?

The words *grand* and *petit* add *-e* when the person you are describing is female.

This rule is important because *grand* and *grande* are pronounced differently, and so are *petit* and *petite*. If you get it wrong, you will probably still be understood but it is a bit like saying 'my brother she is big' or 'my sister he is small'.

Remplis les bulles
Fill in the speech bubbles

Je suis plus ....

que ....

Je ....

....

CATHY

PHILIPPE

Comment s'appellent les enfants du roi?
What are the king's children called?

Marie-Thérèse est la plus grande.

Sophie-Béatrice est la plus petite.

Louis Joseph est plus grand que Louis Charles et Sophie-Béatrice.

Louis Charles est plus petit que Louis Joseph et Marie-Thérèse.

1. .... 2. .... 3. .... 4. ....

Le savais-tu?

In the 18th century, when Louis XVI was king, medicine wasn't nearly as advanced as it is now so it was extremely common for children to die very young. Of Louis and Marie's four children, only Marie-Thérèse survived into adulthood.

Il/elle est timide?

Is he/she shy?

Ils sont comment? Relie les mots aux images

What are they like? Join the words to the pictures

1.

intelligent

drôle

bavard

jolie

sportive

sportif

bavarde

2.

3.

4.

5.

6.

7.

Le détective!

Did you notice?

Just like with *grand* and *petit*, sometimes there is an *-e* after these describing words. When you are talking about a female person or thing you add *-e* to the word.

m	f	
bavard	bavarde	(talkative)

If the word already ends in *-e* it stays the same:

m	f	
timide	timide	(shy)

sympa also stays the same:

sympa	sympa	(nice)

If the word ends in *-f* the *f* changes to v before you add the *-e*:

m	f	
sportif	sportive	(sporty)
actif	active	(active)

Écoute le CD. Ils sont comment?
Listen to the CD. What are they like?

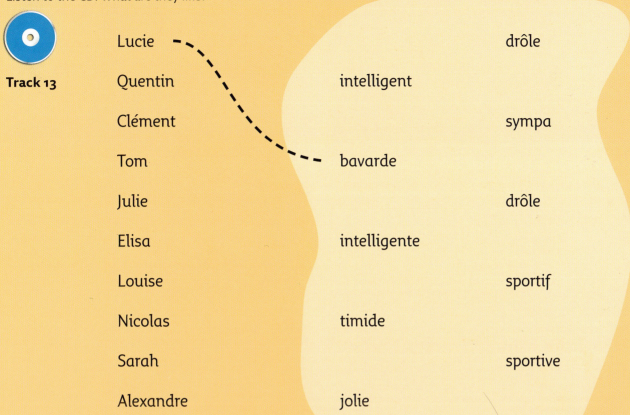

Track 13

Lucie

Quentin

Clément

Tom

Julie

Elisa

Louise

Nicolas

Sarah

Alexandre

drôle

intelligent

sympa

bavarde

drôle

intelligente

sportif

timide

sportive

jolie

Ma famille
My family

Trouve quelqu'un qui est ... dans ta famille
Find someone who is ... in your family

.... est sportif

.... est drôle

.... est timide

.... est bavarde

.... est sympa

.... est intelligent

.... est jolie

.... est bavard

.... est bête

Et toi? Tu es comment?

Je suis ....

Le détective!
Did you remember?

Mots à retenir
je ne suis pas I'm not
il n'est pas he isn't
elle n'est pas she isn't

To say that you are **not** something, or that something is **not** the case, you use the 'ne pas sandwich': *ne* + verb + *pas*

je suis	(I am)	*je mange*	(I eat)
il est	(he is)	*il mange*	(he eats)
elle est	(she is)	*elle mange*	(she eats)

je ne suis pas	(I am not)
il n'est pas	(he isn't)
elle n'est pas	(she isn't)

ne.. pas is called the negative. 'Negative' means there is a 'no' or 'not' in the sentence. Instead of talking about what you are, you are talking about what you are not:

I am not ten years old.   I do not have a dog.   I do not like Maths.

When the next word begins with a vowel (a e i o u) the *ne* becomes *n'* to make it easier to say:

je n'aime pas … (I don't like)   *je n'écoute pas*   (I am not listening)

Je ne suis pas bavarde
I am not talkative

Luc n'est pas sportif
Luc is not sporty

Petit Dico
nouveau new
garder to keep
l'ancien the old one
pourquoi why

Track 14

Blague!

"Tu vas avoir un nouveau petit frère!"
"You're going to have a new little brother!"

"Pourquoi, papa? Tu ne veux pas garder l'ancien?"
"Why, dad? Don't you want to keep the old one?"

Adrien te parle de ses copains. Comment sont-ils?

Adrien tells you about his friends. What are they like?

Track 15

"Dans ma classe mon copain Louis est bavard. Il n'est pas sportif. Damien n'est pas bavard, il est sportif. Ma copine Amélie est intelligente. Elle n'est pas bavarde. Frank est bavard et sportif. Charlotte est jolie mais elle est trop timide. Florence est sympa. Elle est bavarde et sportive.

Moi, je suis bavard. Je parle tout le temps et je suis sportif aussi!" ADRIEN

Vrai [v] ou faux [f]?
True [v] or false [f]?

Louis est timide ....   Damien est sportif ....

Amélie est intelligente ....   Frank est timide ....   Charlotte est bavarde ....

Florence est sympa ....   Adrien est timide ....

Astuce
When you listen to the CD, can you hear the differences between the female and male endings?

Petit Dico

mon copain my friend (male)	**trop** too, too much
ma copine my friend (female)	**il/elle parle** he/she talks
plutôt rather, instead	**tout le temps** all the time
très very	

Mes copains
My friends

Qui est le plus timide? ....   Qui parle tout le temps? ....

Qui ne parle pas beaucoup? ....   Qui est le plus sympa? ....

Qui est la plus sportive? ....   Qui n'est pas bavard? ....

Qui est le plus intelligent? ....   Qui est la plus intelligente? ....

Astuce
Look for clues to see if you need to think of a male or a female friend, (but sometimes it could be either!)

le plus sportif   **la** plus sportive

Mon chien est mon copain le plus sympa!

Ils sont comment? 31

Ma journée...

6. My day

Le matin
The morning

Il est sept heures

Je me lève

Je me lave

Je m'habille

Il est sept heures et demie

Je dis bonjour à ma famille

Bonjour !

Je prends mon petit déjeuner

Je me brosse les dents

Il est huit heures

Je mets ma veste

Je prends mon cartable

Je sors

Complète les phrases
Complete the sentences

Je me ....

Je .... mon petit déjeuner.

Je me .... les dents.

Je .... mon cartable.

Je me ....

Je .... ma veste.

Je ....

Je m' ....

Quelle heure est-il?
What time is it?

Dessine des aiguilles sur les horloges
Draw the hands on the clocks

1. Il est trois heures

2. Il est sept heures

3. Il est midi

4. Il est minuit

5. Il est quatre heures

6. Il est dix heures et demie

Petit Dico
0 **zéro**
1 **un**
2 **deux**
3 **trois**
4 **quatre**
5 **cinq**
6 **six**
7 **sept**
8 **huit**
9 **neuf**
10 **dix**
11 **onze**
12 **douze**
midi midday
minuit midnight
et demie half past

Poehei habite à Tahiti à l'autre bout du monde

Poehei lives in Tahiti on the other side of the world

Le savais-tu?

Tahiti is one of the Polynesian Islands in the Pacific Ocean.

The name Tahiti comes from the old Polynesian word *tafiti* which meant 'a long way away'. It is more than 10,000 miles away from France. The capital is called Papeete and French is the official language.

The word 'tattoo' is a Tahitian word because Tahitian boys used to be tattooed on reaching adolescence. There are no poisonous snakes or insects on Tahiti.

Over half of the population is under 20 years old.

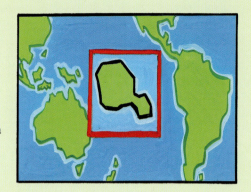

Pendant que je dors...
While I am asleep...

Mots à retenir

il/elle se lève he/she gets up
il/elle se lave he/she gets washed
il/elle s'habille he/she gets dressed

elle se lève

 elle se lave

elle prend son petit déjeuner

 elle va à l'école

elle rentre

 elle dîne

elle fait ses devoirs

 elle se lave

elle se brosse les dents

 elle se couche

... et pendant qu'elle se couche je me réveille!
... and when she goes to bed I get up!

Le détective!

Did you notice?

When you talk about yourself you say
je me lève   and   *je me lave*

but when you talk about someone else (if she's a girl) you say
elle se lève   and   *elle se lave*

The presence of the *me* and *se* make these verbs 'reflexive'. When you look up a 'reflexive' verb in the dictionary it will look like this:
se laver (to wash)   *se lever* (to get up)

If you are talking about yourself you have to change the *se* to *me*.

Que fait Sophie?

What is Sophie doing?

Écoute et numérote les phrases de 1 à 10

Listen and number the sentences from 1-10

Track 16

elle sort ☐

elle se lève ☐

elle prend son petit déjeuner ☐

elle fait ses devoirs ☐

elle se réveille ☐

elle se brosse les dents ☐

Elle se lave ☐

elle va au lit ☐

elle arrive ☐   elle s'habille ☐

La journée du roi

The king's day

le matin

8h   Le roi se réveille

8h15   Il se lève et va aux toilettes

8h30   Il choisit une perruque

9h   Il prend son petit déjeuner

9h30   Il s'habille

10h00   Il va à la Messe

11h00   Il rentre de la Messe et va au conseil des ministres

l'après-midi

13h00   Il dîne

14h00   Il va à la chasse ou il fait une promenade à cheval

17h00   Il s'habille pour le soir

le soir

18h00   Il danse, écoute de la musique ou joue aux cartes ou au billard

22h00   Il prend son souper

23h00   Il se couche

Le savais-tu?

When the king went to the toilet he sat in his robes on a special armchair with a hole in it surrounded by his courtiers and other gentlemen of the court who had paid a lot of money to have the right to be present and who were known as *hommes d'affaires* or 'business men'!

Et toi? Que fais-tu?
And you? What do you do?

Astuce
Use a dictionary or go online to www.collinslanguage.com to find all the words you need.

Le matin
....

....

L'après-midi
....

....

Le soir
....

....

Le détective!
Did you notice?

When you look up a verb in a dictionary or online it is given in the infinitive.

jouer (to play)   *danser* (to dance)   *dîner* (to have dinner)

In French most verbs end in *-er*. To say I do something you take the *-r* off

je joue   *je danse*   *je dîne*

A few verbs including *faire* (to do) and *choisir* (to choose) require an *-s* at the end:

je fais   *je choisis*

Some verbs are completely irregular:

avoir (to have) = *j'ai*   *être* (to be) = *je suis*   *aller* (to go) = *je vais*

Try to remember these three – you'll use them a lot.

Track 17

Fais travailler la langue!
Un chasseur sachant chasser sait chasser sans son chien de chasse

A hunter who knows how to hunt, knows how to hunt without his hunting dog

MANGER ET BOIRE

7. Eating and drinking

Le petit déjeuner
Breakfast

Entoure les choses que tu manges et bois pour le petit déjeuner
Put a circle round the things that you eat and drink for breakfast

Je mange...

des céréales

du beurre

du pain

une tartine

du pain grillé

du sucre

un yaourt

une banane

du miel

de la confiture

Je bois...

du chocolat chaud

du lait

du jus de pomme

du thé

du jus d'orange

du café

Le savais-tu?
French children usually eat the same things for breakfast as British children do. Toast and cereal are the most common. Adults sometimes eat the traditional croissant and they usually have very strong coffee!

Le détective!
Did you notice?

In French you can't just say 'I drink milk' and 'I eat cereal'. You have to say 'I drink <u>some of the</u> milk' and 'I eat <u>some of the</u> cereal' – because you don't drink or eat it all!

'some' is made up of the words *de + le/la/les*

de + le becomes *du*

de + la stays the same: *de la*

de + les becomes *des*

We use 'some' in English when we say 'Can I have some water?' In French it's the same idea – they just use it more than we do.

C'est le petit déjeuner de qui?
Whose breakfast is it?

1. .... 2. .... 3. .... 4. ....

"Je mange des céréales avec du lait, une tartine avec du Nutella, une banane et je bois du chocolat chaud." L U C

"Je ne mange pas de céréales, je prends un yaourt, une tartine avec du Nutella et je bois du jus d'orange." P H I L I P P E

"Je mange un yaourt, et une tartine avec du miel et je bois du lait." S O P H I E

"Je mange des céréales avec du lait, du pain grillé avec du miel et je bois du jus de pomme." C A T H Y

Écoute: Qui parle?
Listen: Who is speaking?

Track 18

1. .... 2. ....

3. .... 4. ....

Les fruits et les légumes

Fruit and vegetables

Entoure les choses que tu aimes manger.
Barre les choses que tu n'aimes pas manger!

Circle the things you like to eat. Cross out the things you don't like to eat!

les pommes les poires les bananes les oranges

le chou les carottes les broccoli les pommes de terre

les oignons la salade les tomates le concombre

Fais la liste

Make a list

J'aime …
I like …

Je n'aime pas …
I don't like …

....

....

....

....

....

Now use a dictionary or the word list at the back of
this book to add some more items to each list.

Le savais-tu?

Mon petit chou (My little cabbage) is
sometimes used as a pet name like
'my little pet'!

Fais-toi une boisson aux fruits!
Make yourself a fruit drink!

Petit Dico
le raisin grape
une poignée de fraises a handful
 of strawberries
une boule a ball/ a scoop
ou or
éplucher to peel
ajouter to add
frais fresh/cool/chilled
passer to put (through)
repasser to put through again
le tout everything

Un smoothie

Ingrédients
10 raisins
1 banane
une poignée de fraises
une boule de glace à la vanille
du yaourt **ou** du lait

1. épluche ou lave les fruits
2. passe les fruits au mixer
3. ajoute de la glace, du yaourt ou du lait
4. repasse le tout au mixer
5. Servir frais!

Quels fruits choisis-tu? Dessine les fruits que tu as choisis
What fruits would you use to make your perfect smoothie? Draw them and write their French names underneath

Écoute: Qui préfère quelle glace?
Listen: Who prefers which ice cream?

Track 19

 SOPHIE
 PHILIPPE
 CATHY
 ADRIEN
 ÉMILIE
 LUC

pistache   mangue   fraise   cassis   chocolat   vanille

Le déjeuner de Louis XIV
Louis XIV's lunch

Le savais-tu?

King Louis XIV sat at the table alone whilst his courtiers stood around and watched him eat. When he had finished and left the room they could eat his leftovers or sell them to people waiting outside the doors of the *château*!

After his death it was found that Louis's stomach was five times bigger than the average stomach!

Petit Dico

le potage soup
le bœuf beef
le poulet chicken
la perdrix partridge
la tourte pie
le dindon turkey
la corbeille basket

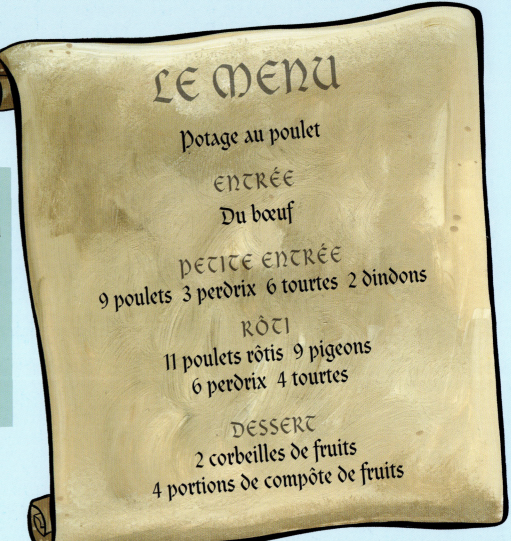

LE MENU

Potage au poulet

ENTRÉE
Du bœuf

PETITE ENTRÉE
9 poulets 3 perdrix 6 tourtes 2 dindons

RÔTI
11 poulets rôtis 9 pigeons
6 perdrix 4 tourtes

DESSERT
2 corbeilles de fruits
4 portions de compôte de fruits

Que manges-tu au déjeuner?
What do you eat for lunch?

Entoure les choses que tu manges et barre les choses que tu ne manges pas
Circle the things you eat and cross out the things you don't eat

Je mange …

 des frites

 des pâtes

 du riz

 de la viande

 du jambon

 du poisson

 du fromage

 du yaourt

 des fruits

 des chips

 des sandwichs

Je bois …

 du jus de pomme

 du jus de mangue

 du jus d'ananas

 jus de fruits rouges

 du thé

 du café

 du lait

 du cola

Astuce
For more things to eat and drink see page 60.

Écris les noms de tes plats préférés
Write down the names of some of your favourite foods

....

....

....

Track 20

Blague!

Je peux avoir un euro, papa?
Pourquoi?
Pour donner à une vieille dame.
C'est gentil. Qu'est-ce qu'elle fait?
Elle vend des glaces!

Can I have a euro, dad?
Why?
To give to an old lady.
That's kind. What does she do?
She sells ice cream!

L'école

8. School

Je vais à l'école
I'm going to school

Track 21

"Le matin je me lève à sept heures. Je sors à huit heures et quart. Je vais à l'école à vélo. Quand j'arrive je joue au foot avec mes copains. À huit heures et demie on entre dans l'école. Je dis 'bonjour' au prof et je mets mes chaussons. Les leçons commencent ..."

ADRIEN

Écoute et lis: Mets les aiguilles sur les cadrans
Listen and read: Put the hands on the clock faces

il se lève

il sort

il entre dans l'école

Le savais-tu?

In most French primary schools pupils have to change into *chaussons* (indoor shoes or slippers) when they go into the building and then back into outdoor shoes each time they go outside again at break times, so you either have to learn to tie your laces or have shoes which pull on and off easily!

In the morning it is usual to say 'Bonjour!' to teachers but you will often see friends kissing each other when they say good morning. This 'greeting kiss' (where you kiss each other on both cheeks) is called the *bise*. Young people will often greet each other with the *bise*. They will also kiss their parents and the parents of friends that they know well.

C'est quel moyen de transport?
What means of transport is it?

Relie les dessins aux mots
Join the picture to the words

LE TRAIN

LE VELO

LE PIED

LA VOITURE

LE BUS

LE CAR DE RAMASSAGE

Comment vas-tu à l'école?
How do you go to school?

Je vais à l'école en

....

PHILIPPE

Je vais à l'école à

....

LUC

Je vais à l'école en

....

CATHY

Je vais à l'école en

....

ÉMILIE

Je vais à l'école à

....

ADRIEN

Maman m'ammène à l'école

en ....

SOPHIE

Petit Dico

m'ammène takes me

A quelle heure vas-tu à l'école?

Je vais à l'école à ....

Comment vas-tu à l'école?

Je vais à l'école ....

Écoute et lis le texte de Luc

Listen to and read Luc's text

Track 22

Nom: *Luc*　　　　Date: *8 juin*

Les cours commencent à huit heures et demie. Le mardi je fais mes maths.

On sort en récré à dix heures et quart jusqu'à onze heures moins le quart. Je finis mes maths.

Puis à onze heures et demie on va dehors jusqu'à midi. A midi on mange à la cantine.

Après le déjeuner on sort en récré jusqu'à une heure et quart. Puis on fait le français.

L'après-midi on sort en récré à trois heures jusqu'à trois heures et demie. Puis on marque nos devoirs dans le cahier de textes.

On rentre à quatre heures.

Astuce

Try to understand and guess as much as you can before looking the words up in the *Petit Dico*.

Petit Dico

mardi Tuesday
le mardi on Tuesdays
je fais I do
la récré [la récréation] break
on va dehors we go outside
jusqu'à until
on marque we write up
nos devoirs our homework

Le détective!

Did you notice?

There are two ways of saying 'we' in French:

1. You can use *nous* and the verb ends in *-ons*

nous mangeons (we eat)　　*nous sortons* (we leave)

2. You can use *on* which is like the old-fashioned English 'one'. With *on* the verb is just the same as it is after *il* or *elle*

on mange (we eat)　　*on sort* (we go out)

Mathématiques
Maths

La journée scolaire
The school day

Petit Dico
commence starts
finit finishes
il dure it lasts
la durée the duration
la pause du déjeuner lunch break

1. Le cours de maths commence à **8h30** et finit à **10h15**.
   Il dure .... minutes

2. La récré commence à **10h15** et finit à **10h45**.
   Elle dure .... minutes

3. Le cours de français commence à **10h45** et finit à **11h30**.
   Il dure .... minutes

4. La pause du déjeuner commence à **11h30** et finit à **1h15**.
   Elle dure .... minutes

5. Le cours de sciences commence à **1h15** et finit à **3h00**.
   Il dure .... minutes

6. La récré commence à **3h00** et finit à **3h30**.
   Elle dure .... minutes

7. Le cours de musique commence à **3h30** et finit à **4h00**.
   Il dure .... minutes

8. Quelle est la durée des cours? ....

9. Quelle est la durée des récrés, pause du déjeuner incluse? ....

10. Quelle est la durée de la journée scolaire? ....

Chez toi?
And yours?

Quelle est la durée des cours? ....

Quelle est la durée des récrés, pause du déjeuner incluse? ....

Quelle est la durée de la journée scolaire? ....

Les sciences

Science

A quoi servent-ils? Relie les mots et les définitions
What are they for? Match the words to the definitions

  les yeux

pour voir

 les oreilles

pour toucher

 le nez

pour écouter

 la langue

pour goûter

 les mains

pour sentir

Complète le poème
Complete the poem

Track 23

J'ai les .... pour te voir
I have ... to see you

J'ai les .... pour t'écouter
I have ... to hear you

J'ai le .... pour te sentir
I have ... to smell you

J'ai .... mains pour te toucher
I have hands to touch you

J'ai les bras pour t'embrasser
I have arms to hug you

Et la voix pour te chanter une chanson
And a voice to sing you a song

Mots à retenir
les cinq sens the senses
écouter to listen
goûter to taste
sentir to smell
toucher to feel/ touch
voir to see

Astuce
Remember that in French they say 'I have **the** hands to touch you.'

Petit Dico
la voix voice
les bras arms

Could you write a poem? It doesn't have to rhyme.
Some useful words:

marcher	(to walk)	*promener*	(to take for a walk)
chanter	to sing)	*chasser*	(to chase)
jouer	(to play)	*m'amuser*	(to amuse me)
regarder	(to watch)		

L'orthographe
Spelling

A lot of French words sound the same but are written differently. French children have to spend a lot of time learning about how different sounds are written.

Les homonymes
These words are written differently but sound the same

la mère	the mother
la mer	the sea
le maire	the mayor

le court	the court
la cour	the playground
le cours	the lesson

C'est quel mot?
What word is it?

1. M. Bernard est le .... de la ville.

2. Ma .... m'ammène à l'école.

3. Le weekend on va au bord de la ....

4. A la récré on joue dans la ....

5. Après la récré il y a un .... de maths.

6. Dans le jardin, il y a un .... de tennis.

Petit Dico
m'ammène takes me
après after
il a he has

Track 24

Fais travailler la langue!
Le ver vert va vers le verre vert
The green worm goes towards the green glass

Lettres muettes
Silent letters

You don't pronounce the letters -t, -d, -s, -x, or -z at the end of a word (unless the next word begins with a vowel or an *h*-)

Barre les lettres qu'on ne prononce pas à la fin des mots
Cross out the letters you don't pronounce at the end of the words

Track 25

les oreilles   les yeux   les mains   les cheveux   le nez

les éléphants   les bateaux   le riz   grand   le petit chat gris

Astuce
Listen to the CD to help you.

Sauvez la planete!

9. Save the planet!

The French and English languages are very closely related so a lot of French words are very like English words. Which of these are like the English words?

Relie les mots en français aux mots anglais et souligne les mots qui se ressemblent
Link the French and English words and then underline the words which are similar

Mots à retenir
le soleil the sun
les étoiles stars
la lune the moon
la terre the earth

une planète	the climate
le système solaire	the oceans
l'environnement	global warming
la pollution atmosphérique	the solar system
les océans	the world
les continents	the environment
le changement climatique	a planet
le réchauffement de la planète	atmospheric pollution
le climat	the continents
le monde	climate change

Astuce
Look at the second word first! When you have two words together like 'solar system', in French they are usually the other way round – 'system solar'.

Blague!

Track 26

Luc: Monsieur, est-ce que je peux être puni pour quelque chose que je n'ai pas fait?
Luc: Sir, can I be punished for something that I haven't done?
Professeur: Bien sûr que non!
Teacher: Of course not!
Luc: C'est ok alors. Je n'ai pas fait mes devoirs hier soir!
Luc: Well, that's good. I didn't do my homework last night!

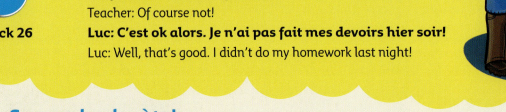

Le système solaire
The solar system

Mercure est la planète la plus près du soleil

Vénus se trouve entre **Mercure** et **la terre**

Mars est la planète la plus près de **la terre**

Pluton est la planète* la plus loin du soleil

Neptune est la planète la plus près **de Pluton**

Jupiter se trouve entre **Mars** et **Saturne**

Uranus se trouve entre **Saturne** et **Neptune**

Petit Dico
le/la plus most
près near
loin far
le/la plus près the nearest
le/la plus loin the furthest
entre between

Astuce
Any words that you don't understand you can look up in a dictionary or online.

Le savais-tu?
Pluto is actually made up of two small planets, Pluto and Charon, so it is called *une planète naine* – a dwarf planet

Écris les noms des planètes
Write the names of the planets

le soleil

1. ....   2. ....   3. ....

4. ....   5. ....   6. ....

7. ....   8. ....   9. ....

Quelle est la planète la plus grande? ....

Quelle est la planète la plus petite? ....

L'environnement est en danger!

The environment is in danger!

Sur notre planète vivent au moins 6 milliards de personnes

More than 6 billion people live on our planet

Choisis les légendes qui correspondent aux images

Choose the right titles for the pictures

les sacs en plastique
plastic bags

la pollution atmosphérique
atmospheric pollution

les lumières
lights

les gaz d'échappement
car exhaust fumes

la télé
television

les déchets
rubbish

1. .... 2. .... 3. ....

4. .... 5. .... 6. ....

Fais un slogan pour chaque image

Make a slogan for each image

'Triez les déchets!'

1. .... 2. .... 3. ....

4. .... 5. .... 6. ....

Qu'est-ce que je peux faire?
What can I do?

Tu peux recycler les déchets,
les emballages et les conteneurs.
I can recycle my rubbish, packaging and containers.

Écoute le CD et choisis la bonne poubelle
Listen to the CD and choose the right bin

Track 27

Petit Dico
la boîte box
la canette can
la bouteille bottle
des restes leftovers
des épluchures peelings
la poubelle bin
les journaux newspaper and magazines
le carton cardboard
le verre glass

Le savais-tu?
Do you know how much rubbish the average person produces every year?

373kg de restes

257kg de déchets

38kg de journaux et emballages

35kg de verre

Total = **703kg**

papier   métal   végétaux   carton   plastique   verre

1

1.

UNE BOÎTE DE THON

2.

UNE BOÎTE DE CHOCOLATS

3.

UNE CANETTE DE COLA

4.

UNE BOUTEILLE EN PLASTIQUE

5.

UNE BOUTEILLE EN VERRE

6.

UN POT DE YAOURT

7.

DES RESTES

8.
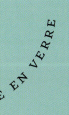
DES ÉPLUCHURES

9.

DES JOURNAUX

Astuce
Listen to the CD for help with this exercise

Sauvez la planète! 53

Economisez l'eau

Saving water

Combien d'eau consommes-tu par jour?

How much water do you use a day?

chasse d'eau [aux toilettes] 10l

la douche 80l

le bain 100l

laver les mains 5l

arrosage du jardin 50l

lavage d'auto 200l

lave-vaisselle 30l

brosser les dents 5l

machine à laver 60l

Petit Dico

par per/every
le jour day
la semaine week
le mois month
l'an the year

Par jour je consomme .... litres d'eau. Par mois je consomme .... litres d'eau. Par

semaine je consomme .... litres d'eau. Par an je consomme ....

Choisis cinq gestes pour protéger l'environnement et fais un dessin

Choose five ways of protecting the environment and make a poster

Petit Dico

au lieu de instead of

mettez
les déchets
les restes
dans la poubelle

recyclez
le verre et les bouteilles
le carton
le papier
les magazines et journaux

prenez le bus au lieu de la voiture

économisez
l'eau: prenez une douche au lieu d'un bain
l'électricité: éteignez les lumières

respectez
la nature: ne cueillez pas
les fleurs sauvages

triez les déchets

plantez un arbre

Mes cinq gestes pour sauver la planète

Jeu-test
Fun test

Cherche l'intrus
Find the odd one out

1. (poire)	frère	sœur	père
2. rouge	petit	vert	blanc
3. anglais	français	fatigué	canadien
4. janvier	lundi	mars	septembre
5. les Etats-Unis	Angleterre	France	Madrid
6. Paris	Marseille	Londres	Lyon
7. le Louvre	la Tour Eiffel	l'Arc de Triomphe	la Statue de la Liberté
8. un chien	un poisson	un chat	un hamster
9. une niche	une maison	une ferme	un château
10. la chambre	la cuisine	le salon	le jardin
11. le fromage	la viande	la voiture	le jambon
12. la mer	le nord	le sud	l'est
13. sportif	bavard	drôle	juillet
14. musique	danser	jouer	dîner
15. du pain	du beurre	du sucre	du lait
16. la poire	la pomme	la banane	les carottes
17. le train	le bus	le car	le garage
18. les yeux	les chaussons	les mains	les oreilles
19. Mercure	Vénus	le soleil	la terre
20. le papier	le verre	le carton	les journaux

mon ma mes: Écris le mot qui manque
mon ma mes: Write in the missing word

... ... père   ... ... mère   ... ... parents

... ... frère   ... ... sœur   ... ... copains

... ... grand-père   ... ... grands-parents   ... ... oncle

... ... tante   ... ... cousin   ... ... cousine

Écris le mot qui manque
Write in the missing word

In French all nouns are either masculine or feminine

The word for 'the' with .... words is *la*

The word for 'the' with .... words is *le*

The word for 'the' with .... words is *les*

Most nouns make the plural by adding .... but

some nouns add .... instead.

feminine   -x   plural   -s   masculine

'Petit' ou 'petite'?
Petit or *petite*?

Mon frère est ....

Ma sœur est ....

Mon chien est ....

Ma maison est ....

petit

petite   petite

petit

CD transcripts

Track 2

Quel garçon, comment s'appelle-t-il?
That boy, what is his name?

Il s'appelle Philippe
He's called Philippe

Il est de quelle nationalité?
What nationality is he?

Il est canadien.
He's Canadian.

Où habite-il?
Where does he live?

Il habite à Montréal.
He lives in Montreal.

Quel âge a-t-il?
How old is he?

Il a onze ans.
He's eleven.

A-t-il des frères et des sœurs?
Does he have any brothers and sisters?

Il a un frère.
He has a brother.

A-t-il un animal?
Does he have any pets?

Oui, il a un chat.
Yes, he has a cat.

Il a les cheveux de quelle couleur?
What colour is his hair?

Il a les cheveux noirs.
He has black hair.

Il a les yeux de quelle couleur?
What colour are his eyes?

Il a les yeux bruns.
He has brown eyes.

Quel est son sport préféré?
What's his favourite sport?

Son sport préféré est le basket.
His favourite sport is basketball.

Ah, moi aussi! J'aime le basket! Bon, on va jouer au basket, alors.
Oh, me too! I love basketball. Well, let's go and play some basketball.

Track 3

Sophie: Alors, c'est une fille?
            So, is it a girl?
Émilie: Non.
            No.
Sophie: Il a les cheveux courts?
            Does he have short hair?
Émilie: Oui.
            Yes.
Sophie: Il a les yeux bruns?
            Does he have brown eyes?
Émilie: Non.
            No.
Sophie: Il a les yeux verts?
            Does he have green eyes?
Émilie: Oui.
            Yes.
Sophie: Il porte des lunettes?
            Does he wear glasses?
Émilie: Oui
            Yes.
Sophie: C'est David!
            It's David!
Émilie: Oui.
            Yes.
Adrien: OK, c'est à moi! C'est un garçon?
            OK, it's my turn. Is it a boy?
Émilie: Non.
            No.
Adrien: Elle a les cheveux courts?
            Does she have short hair?
Émilie: Non.
            No.
Adrien: Elle a les cheveux bruns?
            Does she have brown hair?
Émilie: Non.
            No.

Adrien: Elle porte des lunettes?
            Does she wear glasses ?
Émilie: Oui.
            Yes.
Adrien: Elle porte un chapeau!
            She wears a hat!
Émilie: Oui.
            Yes.
Adrien: C'est Cécile!
            It's Cécile!
Émilie: Oui. Très bien!
            Yes. Well done!

Track 4

Philippe est comment?
What does Philippe look like?

Il a les cheveux courts, frisés et noirs et les yeux bruns.
He has short, black, curly hair and brown eyes.

Adrien est comment?
What does Adrien look like?

Il a les cheveux courts, raides et noirs et les yeux bruns.
He has short, straight, black hair and brown eyes.

Émilie a les yeux bleus?
Does Émilie have blue eyes?

Oui! Et les cheveux longs et blonds.
Yes! And she has long, blond hair.

Cathy est comment?
What does Cathy look like?

Elle a les yeux verts et les cheveux mi-longs et bruns.
She has green eyes and mid-length brown hair.

Luc aussi a les yeux verts, non?
Luc has green eyes too, right?

Oui, et il a les cheveux frisés et il porte des lunettes.
Yes, and he has curly hair and he wears glasses.

Alors, Sophie a les yeux bruns et les cheveux longs, raides et noirs.
So, Sophie has brown eyes and long straight black hair.

Oui, c'est ça!
Yes, exactly!

Track 9

Journalist: Sophie, tu dessines ta maison idéale. Que veux-tu avoir chez toi? Tu veux un grand jardin?
             Sophie, you are designing your ideal house. What would you want to have in it? Do you want a big garden?
Sophie: Oui, chez moi je veux un grand jardin avec une piscine.
             Yes, in my house I want a big garden with a swimming pool.
Journalist: Un grand jardin... une piscine... chauffée?
             A big garden... a swimming pool... heated?
Sophie: Oui, une piscine chauffée avec un toboggan!
             Yes, a heated swimming pool with a slide!
Journalist: Un toboggan?
             A slide?
Sophie: Oui, un toboggan. Et une table de ping-pong.
             Yes, a slide. And a ping-pong table.
Journalist: Et une table de ping-pong... et un court de tennis?
             And a ping-pong table... and a tennis court?
Sophie: Non, je n'aime pas tellement le tennis.
             No, I don't really like tennis.
Journalist: OK. Un garage?
             OK. A garage?
Sophie: Oui, un garage.
             Yes, a garage.
Journalist: Quelles sortes de voitures?
             What types of car?
Sophie: Une grande voiture et deux petites voitures.
             A big car and two small cars.
Journalist: Et en plus?
             What else?

Sophie: Au sous-sol un cinéma.
             A cinema in the basement.
Journalist: Un cinéma?
             A cinema?
Sophie: Oui, un cinéma! J'adore regarder des films.
             Yes, a cinema! I love watching films.

Track 12

Où habite Thomas?
Where does Thomas live?

Il habite à Lille. C'est une grande ville dans le nord de la France.
He lives in Lille. It's a big town in the north of France.

Une grande ville dans le nord de la France. Bon, et Charlotte?
A big town in the north of France. Good, and Charlotte?

Charlotte habite une petite ville à l'est de la France.
Charlotte lives in a small town to the east of France.

Une petite ville à l'est... et Paul?
A small town in the east... and Paul?

Paul habite à Marseille. C'est une grande ville au sud de la France au bord de la mer Méditerranée.
Paul lives in Marseille. It's a big town in the south of France on the Mediterranean sea.

Une grande ville au sud... et Mélanie?
A big town in the south... and Mélanie?

Elle habite une petite ville à l'ouest, au bord de la mer.
She lives in a small town in the west, on the coast.

Une petite ville à l'ouest... Hugo? Où habite-il?
A small town in the west... Hugo? Where does he live?

Il habite dans les Alpes, à Megève. C'est une petite ville à l'est de la France.
He lives in the Alps, in Megève. It's a small town in the east of France.

Et Manon? Où habite-elle? Elle habite une petite ville au centre.
And Manon? Where does she live? She lives in a small town in the centre.

Une petite ville au centre...
A small town in the centre.

Qui habite à Paris?
Who lives in Paris?

Julien habite à Paris, une grande ville au nord de la France.
Julien lives in Paris, a big city in the north of France.

Et Louise?
And Louise?

Elle habite à Bordeaux. C'est une grande ville à l'ouest.
She lives in Bordeaux. It's a big town in the west.

Une grande ville à l'ouest. Merci!
A big town in the west. Thanks!

Track 13

Émilie: Lucie est comment?
            What is Lucy like?
Cathy: Elle est bavarde.
            She's a chatterbox.
Émilie: Lucie est bavarde, et Quentin? Il est comment?
            Lucie's a chatterbox, and Quentin? What's he like?
Cathy: Quentin est sportif.
            Quentin is sporty.
Émilie: Clément est sportif aussi?
            Is Clément sporty too?
Cathy: Ah non, il est timide.
            Oh no, he's shy.
Émilie: Clément est timide... et Tom?
            Clément is shy... and Tom?
Cathy: Tom? Il est drôle.
            Tom? He's funny.
Émilie: Ah, Tom est drôle... et Julie?
            Ah, Tom is funny... and Julie?
Cathy: Julie est... Julie est intelligente.
            Julie is... Julie is clever.
Émilie: Oui, Julie est intelligente. Et Elisa?
            Yes, Julie is clever. And Elisa?

Cathy:	Elisa est jolie. *Elisa is pretty.*	
Émilie:	Oui, Elisa est jolie... et Louise? *Yes, Elisa is pretty... and Louise?*	
Cathy:	Louise joue au tennis et elle joue au football et elle fait du vélo... *Louise plays tennis and football and she rides a bike...*	
Émilie:	Elle est sportive alors? *So she's sporty?*	
Cathy:	Ah oui, elle est sportive. *Yes, she's sporty.*	
Émilie:	Louise est sportive... et Nicolas, il est sportif? *Louise is sporty... and Nicolas, is he sporty?*	
Cathy:	Non, mais il est très intelligent. *No, but he's very clever.*	
Émilie:	Nicolas est intelligent. Et Sarah? *Nicolas is clever. And Sarah?*	
Cathy:	Beh, Sarah. Elle est drôle! *Well, Sarah. She's funny!*	
Émilie:	Sarah est drôle. Et Alexandre? *Sarah is funny. And Alexandre?*	
Cathy:	Alexandre est super sympa. *Alexandre is very nice.*	
Émilie:	Alexandre est super sympa... *Alexandre is very nice...*	
Teacher:	Émilie! Cathy! Écoutez, s'il vous plait! *Émilie! Cathy! Listen, please!*	
Émilie & Cathy:	Pardon, monsieur... *Sorry, Sir.*	

Track 16

Papa:	Sophie, que fais-tu? *Sophie, what are you doing?*
Sophie:	Je me réveille. *I'm waking up.*
Papa:	Sophie, que fais-tu? *Sophie, what are you doing?*
Sophie:	Je me lève. *I'm getting up.*
Papa:	Sophie, dépêche-toi... *Sophie, hurry up...*
Sophie:	Oui, oui. Je me lave. *Yes, yes. I'm washing.* Oh zut! Papa, où est mon pull? Je m'habille. *Oh no! Dad, Where's my jumper? I'm getting dressed.*
Papa:	Sur ton lit. *On your bed.* *Sophie!* *Sophie!*
Sophie:	J'arrive. *I'm coming!* Passe-moi les céréales, s'il te plaît. *Pass me the cereal, please.*
Papa:	Les céréales? Voilà. *The cereal? Here you are.*
Sophie:	Merci. Je prends le petit déjeuner. *Thanks. I'm eating breakfast.*
Papa:	Sophie, il est sept heures et demie. *Sophie, it's half past seven.*
Sophie:	Oui, je me brosse les dents. *Yes, I'm brushing my teeth.* Au revoir, papa. Je sors – au revoir, à tout à l'heure. *Goodbye, dad. I'm leaving – bye, see you later.*
Papa:	Au revoir! *Goodbye!*
Papa:	Sophie, tu es là? *Sophie, is that you?*
Sophie:	Oui, me voilà. *Yes, I'm here.*
Papa:	Que fais-tu, Sophie? *What are you doing, Sophie?*
Sophie:	Je fais mes devoirs. *I'm doing my homework.*

Papa:	Sophie... il est neuf heures... *Sophie... it's nine o'clock.*
Sophie:	OK, papa, je vais au lit. *Ok, dad, I'm going to bed.*

Track 19

Adult:	Tu veux une glace, Sophie? *Do you want an ice cream, Sophie?*
Sophie:	Oui, je veux bien. *Yes, I'd love one.*
Adult:	Laquelle? *Which?*
Sophie:	Je veux une glace au cassis. *I'd like a blackcurrant ice cream.*
Adult:	Émilie? Tu veux une glace? *Emilie? Do you want an ice cream?*
Émilie:	Oui, je voudrais une glace à la pistache. *Yes, I'd like a pistachio ice cream.*
Adult:	Et ta copine, Cathy? *And your friend, Cathy?*
Sophie:	Cathy aime la glace à la fraise. *Cathy loves strawberry ice cream.*
Adult:	Et Adrien? Que veut-il? *And Adrien? What does he want?*
Sophie:	Il aime la glace à la mangue. *He loves mango ice cream.*
Adult:	Et Luc? *And Luc?*
Émilie:	Il préfère une glace à la vanille. *He prefers vanilla ice cream.*
Adult:	Et toi, Philippe? *And you, Philippe?*
Philippe:	Moi? C'est à moi finalement? Je voudrais une glace au chocolat. Chocolat... chocolat... chocolat... C'est délicieux. *Me? Is it my turn finally? I'd like a chocolate ice cream. Chocolate, chocolate... It's delicious!*

Track 25

Qu'est-ce qu'il faut faire?
What do we have to do?
Il faut trouver les lettres qu'on ne prononce pas à la fin d'un mot.
We have to find the letters that re not pronounced at the end of each word.
Vas-y...
Ok, let's go.
Les oreilles.
Ears.
Les oreilles. OREILLES... C'est le -s.
Ears. OREILLES... It's the -s.
Oui, c'est vrai. C'est le -s.
Yes, that's right. It's the -s.
A toi.... les yeux.
Your turn... eyes.
Les yeux... YEUX ....C'est le -x.
Eyes... YEUX... It's the -x.
C'est bon. C'est le -x.
Right. It's the -x.
A toi.... les mains.
Your turn. Hands.
Les mains. M A I N S. C'est le -s.
Hands. MAINS. It's the -s.
Oui, c'est vrai. C'est le -s.
Yes, that's right. It's the -s.
A toi.... les cheveux.
Your turn... hair.
C'est le -x. CHEVEUX. A toi.... le nez.
It's the -x. CHEVEUX. Your turn... nose.
C'est le -z. NEZ. A toi.... les éléphants.
It's the -z. NEZ. Your turn... elephants.
C'est le -s. ÉLÉPHANTS. A toi.... les bateaux.
It's the -s. ÉLÉPHANTS. Your turn... boats.
C'est le -x. BATEAUX. A toi.... le riz.
It's the -x. BATEAUX. Your turn... rice.
C'est le -z. RIZ. A toi.... grand.
It's the -z. RIZ. Your turn... big.
GRAND. C'est le -d. A toi.... petit.
GRAND. It's the -d. Your turn... small.
C'est le -t. PETIT. A toi.... le chat.
It's the -t. PETIT. Your turn... cat.
C'est le -t. CHAT... A toi .... Le petit chat gris.
It's the -t. CHAT. Your turn... The little grey cat.

Attends... Petit... PETIT... C'est le -t. Chat... CHAT... C'est le -t et gris... GRIS... C'est le -s.
Wait... Small... PETIT. It's the -t. Cat... CHAT. It's the -t and grey... GRIS. It's the -s.
Super! C'est fini!
Great! Finished!
L'orthographe!!
Spelling!!

Track 27

Cathy:	Qu'est-ce que je peux faire? *What can I do?*
Adrien :	Tu peux recycler les déchets, les emballages et les conteneurs. *You can recycle rubbish, packaging and cartons.*
Cathy:	Où est-ce que je les mets? *Where do I put them?*
Émilie:	Dans la bonne poubelle. Qu'est-ce que tu as? *In the right bin. What have you got?*
Cathy:	J'au une boîte de thon. *I have a tin of tuna.*
Adrien:	Mets le dans la poubelle noire pour le métal. *Put that in the black bin for metal.*
Cathy:	Métal, Et une boîte de chocolats? *Metal. And a box of chocolates?*
Adrien:	Papier... euh, non. Rouge pour le carton. *Paper... oh, no. Red for cardboard.*
Cathy:	Carton, et une canette de cola? *Cardboard, and a can of cola?*
Émilie:	Noir pour le métal. *Black for metal.*
Cathy:	Et une bouteille? *And a bottle?*
Émilie:	En plastique? *Made of plastic?*
Cathy:	Oui, en plastique. *Yes, plastic.*
Émilie:	La poubelle jaune pour le plastique. *The yellow bin for plastic.*
Cathy:	Une bouteille en verre? *A glass bottle?*
Adrien:	La poubelle verte pour le verre, *The green bin for glass.*
Cathy:	Un pot de yaourt? *A yoghurt pot?*
Adrien:	La poubelle jaune pour le plastique. *The yellow bin for plastic.*
Cathy:	Des restes? *Some leftover food?*
Émilie:	La poubelle marron pour les restes végétaux. *The brown bin for vegetable waste.*
Cathy:	Des épluchures? *Some peelings?*
Émilie:	La poubelle marron pour les restes végétaux. *The brown bin for vegetable waste.*
Cathy:	Et des journaux? *And some newspapers?*
Adrien:	La poubelle bleu pour le papier. *The blue bin for paper.*
Émilie:	C'est tout? *Is that everything?*
Adrien:	Oui, c'est tout. Fini! *Yes, that's everything. Finished!*
Cathy:	Très bien. *Great!*

Extra vocabulary

Les nationalités

	un garçon	*une fille*
I am American	Je suis américain	Je suis américaine
I am Australian	Je suis australien	Je suis australienne
I am British	Je suis britannique	Je suis britannique
I am Canadian	Je suis canadien	Je suis canadienne
I am English	Je suis anglais	Je suis anglaise
I am Irish	Je suis irlandais	Je suis irlandaise
I am Scottish	Je suis écossais	Je suis écossaise
I am Welsh	Je suis gallois	Je suis galloise

*How to say what you are **not**:*

I am **not** French	Je **ne** suis **pas** français	Je **ne** suis **pas** française

Les numéros

0	zéro	10	dix	20	vingt	30	trente
1	un	11	onze	21	vingt et un	31	trente et un
2	deux	12	douze	22	vingt-deux	32	trente deux ...
3	trois	13	treize	23	vingt-trois		
4	quatre	14	quatorze	24	vingt-quatre	40	quarante
5	cinq	15	quinze	25	vingt-cinq	50	cinquante
6	six	16	seize	26	vingt-six	60	soixante
7	sept	17	dix-sept	27	vingt-sept		
8	huit	18	dix-huit	28	vingt-huit		
9	neuf	19	dix-neuf	29	vingt-neuf		

Les mois

janvier January
février February
mars March
avril April
mai May
juin June
juillet July
août August
septembre September
octobre October
novembre November
décembre December

Les jours de la semaine

lundi Monday
mardi Tuesday
mercredi Wednesday
jeudi Thursday
vendredi Friday
samedi Saturday
dimanche Sunday

Les fruits

l'ananas pineapple
le citron lemon
les cerises cherries
les fraises strawberries
les framboises raspberries
les mangues mangoes
l'orange orange
le pamplemousse grapefruit
les pêches peach
les poires pears
les pommes apples
les prunes plums
le raisin grapes

Les légumes

les carottes carrots
les champignons mushrooms
le chou cabbage
le chou-fleur cauliflower
le concombre cucumber
les épinards spinach
les haricots beans
les oignons onions
les petits pois peas
le poireau leek
les pommes de terre potaotoes
la salade lettuce
les tomates tomatoes

Les viandes

l'agneau lamb
le bœuf beef
la dinde turkey
le porc pork
le poulet chicken

Les noix

la noix de coco coconut
le cacahuète peanut
l'amande almond
la pistache pistachio
la noisette hazelnut

Verbs

When you look a new verb up in the dictionary it will be in the infinitive

    to play **jouer**
    to eat **manger**

When you are talking about yourself you need to change the infinitive to the *je* 'I'
form of the verb. To make the *je* form, just take the *-r* off

    je joue, je mange. Easy!

In the *je* form all verbs (except *j'ai* 'I have') end in *-e* or *-s*, but you don't pronounce
the *-e* or the *-s*.

Most infinitives end in *-er* but there are some verbs which end in *-re* or *-ir*

    prendre (to take)   *faire* (to do)   *boire* (to drink)   *finir* (to finish)

To make the *je* form of these, just take the *-re/-ir* off and add *-s*

    je prends   *je fais*   *je bois*   *je finis*

Top ten verbs

1. Je suis I am
2. J'ai I have
3. Je vais I go
4. Je fais I do
5. J'habite I live
6. Je mange I eat
7. Je bois I drink
8. Je prends I take
9. Je joue I play
10. J'aime I like / I love

Answer key

Pg 2
1. Cathy
2. Louis
3. Camille
4. Léo

Pg 4
Il s'appelle Philippe. Il est canadien. Il habite à Montréal. Il a onze ans. Il a un frère. Il a un chien. Il a les cheveux noirs. Il a les yeux bruns. Son sport préféré est le basket.

Pg 5
Elle s'appelle Sophie. Elle est belge. Elle habite à Bruxelles. Elle a douze ans. Son anniversaire est le 25 mai. Elle a un frère. Elle a un poisson rouge. Elle a les cheveux noirs. Elle a les yeux bruns.

Pg 6
1. C'est Vincent.
2. C'est Hélène.

Pg 7
1. C'est David.
2. C'est Cécile.

1. Émilie
2. Philippe
3. Sophie
4. Adrien
5. Cathy
6. Luc

Pg 8
1. Marie
2. Vincent
3. Marie-Louise
4. Christine
5. Jules

Pg 9
Mon grand-père Jacques. Ma grand-mère Marie-Louise.
Ma tante Hélène. Mon père Ludovic (Ludo) = ma mère Christine. Mon oncle Jules. Mon cousin Mathias. Mon frère Vincent. Moi! Ma sœur Marie. Ma cousine Lauren.

mon père mes sœurs ma mère mes parents mon frère mes frères

Pg 10
1. Philippe
2. Émilie
3. Adrien
4. Cathy
5. Luc
6. Sophie

Pg 11
1. Bonjour! Je suis Émilie.

J'ai deux grandes sœurs. Ma mère a un petit frère. Mon père et mon oncle Gilles ont une petite sœur, ma tante Louise.

2. Bonjour! Je suis Adrien. J'ai une grande sœur. Ma mère a deux petites sœurs, et mon père a un petit frère et une grande sœur. C'est une grande famille!

Pg 13
"Louis-Ferdinand est mon père et Marie-Josèphe est ma mère. Louis-Joseph est mon grand frère et Marie-Adélaïde est ma petite sœur. Mes grands-parents s'appellent Louis XV et Marie Leszczynska."
Louis

Pg 14
un château
 – un seigneur
une maison
 – une famille
un tipi
 – un indien d'Amérique
une ferme
 – un fermier
un chalet
 – un montagnard
une niche
 – un chien

Pg 15
Jeremie's house has a red roof, a white balcony, yellow walls, blue shutters, and a green door.

Pg 16
 la chambre
 – bedroom
la cuisine
 – kitchen
l'entrée
 – entrance
escalier
 – stairs
le jardin
 – garden
le salon
 – sitting room
la salle à manger
 – dining room
 la salle de bains
 – bathroom
 la salle de jeux
 – playroom

Pg 17
1. la salle de bains
2. la salle de séjour
3. le garage
4. la chambre
5. la cuisine

6. la salle de jeux

Pg 19
Sophie wants: a big garden, a garage, a swimming pool, a slide, a table tennis table and a cinema.

Pg 20
French things: cheese (brie); breads; the Louvre museum; the Eiffel Tower; champagne.

Pg 22
L'Arc de Triomphe 1
La Tour Eiffel 7
Le Musée du Louvre 3
La Seine 6
Les Champs Elysées 2
Disneyland 4
La Cathédrale de Notre-Dame 5
Le Palais de Versailles 8

Pg 23
Louis XIV, Le Roi Soleil
 – le Palais de Versailles;
rollercoaster
 – Disneyland;
Monsieur Eiffel
 – la Tour Eiffel;
Mona Lisa
 – le Louvre;
Quasimodo
 – la Cathédrale de Notre-Dame;
low, wide boat and captain
 – la Seine;
Napoléon Bonaparte
 – l'Arc de Triomphe

Pg 24
Cathy: J'habite à Marseille.
Samuel: J'habite à Paris.
Luc: J'habite à St Tropez.
Caroline : J'habite à Concarneau.
Émilie: J'habite à Calais.
Adrien: J'habite à Chamonix.

Pg 25
Thomas: big, north
Charlotte: small, east
Paul: big, south
Mélanie: small, west
Hugo: small, east
Manon: small, centre
Julien: big, north
Louise: big, west

Pg 27
Cathy: Je suis plus petite que Philippe.
Philippe: Je suis plus grand que Cathy.

1. Marie-Thérèse
2. Louis Joseph
3. Louis Charles
4. Sophie-Béatrice

Pg 28
1. bavarde
2. intelligent
3. sportive
4. sportif
5. drôle
6. jolie
7. bavard

Pg 29
Lucie – bavarde
Quentin – sportif
Clément – timide
Tom – drôle
Julie – intelligente
Elisa – jolie
Louise – sportive
Nicolas – intelligent
Sarah – drôle
Alexandre – sympa

Pg 31
Louis est timide f
Damien est sportif v
Amélie est intelligente v
Frank est timide f
Charlotte est bavarde f
Florence est sympa v
Adrien est timide f

Pg 33
1. Je me lave
2. Je prends mon petit déjeuner
3. Je me brosse les dents
4. Je prends mon cartable
5. Je me lève
6. Je mets ma veste
7. Je sors
8. Je m'habille

1. It's 3 o'clock
2. It's 7 o'clock
3. It's midday
4. It's midnight
5. It's 4 o'clock
6. It's half past 10

Pg 35
1. Elle se réveille
2. Elle se lève
3. Elle se lave
4. Elle s'habille
5. Elle prend son petit déjeuner
6. Elle se brosse les dents
7. Elle sort
8. Elle arrive
9. Elle fait ses devoirs
10. Elle va au lit

Pg 39
Pictures:
1. Philippe
2. Cathy
3. Sophie
4. Luc
CD:
1. Philippe
2. Luc
3. Cathy
4. Sophie

Pg 41
Sophie – cassis
Philippe – chocolat
Cathy – fraise
Adrien – mangue
Émilie – pistache
Luc – vanille

Pg 44
Il se lève – 7.00
Il sort – 8.15
Il entre dans l'école – 8.30

Pg 45
Je vais à l'école en car de ramassage. Philippe
Je vais à l'école à pied. Luc
Je vais à l'école en train. Cathy
Je vais à l'école en bus. Émilie
Je vais à l'école à vélo. Adrien
Maman m'ammène à l'école en voiture. Sophie

Pg 47
1. Il dure 105 minutes
2. Elle dure 30 minutes
3. Il dure 45 minutes
4. Elle dure 105 minutes
5. Il dure 105 minutes
6. Elle dure 30 minutes
7. Il dure 30 minutes
8. $105 + 45 + 105 + 30 = 285$ minutes (4 heures 45 minutes)
9. $30 + 105 + 30 = 165$ minutes (2 heures 45 minutes)
10. 8h30 – 4h00 = 7 heures 30 minutes

Pg 48
les yeux – pour voir
les oreilles – pour écouter
le nez – pour sentir
la langue – pour goûter
les mains – pour toucher

yeux; oreilles; nez; les

Pg 49
1. M. Bernard est le maire de la ville.
2. Ma mère m'ammène à l'école.
3. Le weekend on va au bord de la mer.
4. A la récré on joue dans la cour.
5. Après la récré il y a un cours de maths.
6. Dans le jardin, il y a un court de tennis.

les oreilles; les yeux; les mains; les cheveux; le nez; les éléphants; les bateaux; le riz; grand; le petit chat gris

Pg 50

une planète
 – a planet;
le système solaire
 – the solar system;
l'environnement
 – the environment;
la pollution atmosphérique
 – atmospheric pollution;
les océans
 – the oceans;
les continents
 – the continents;
le changement climatique
 – climate change;
le réchauffement de la planète
 – global warming;
le climat
 – the climate;
le monde
 – the world

Pg 51

1. Mercure
2. Vénus
3. Terre
4. Mars
5. Jupiter
6. Saturne
7. Uranus
8. Neptune
9. Pluton

Quelle est la planète la plus grande? Jupiter
Quelle est la 'planète' la plus petite? Pluton

Pg 52

1. les déchets
2. la télé
3. les sacs en plastique
4. la pollution atmosphérique
5. les lumières
6. les gaz d'échappement

1. Triez les dechets!
2. Éteignez la télé!
3. N'utilisez pas les sacs en plastique!
4. Réduisez la pollution atmosphérique!
5. Éteignez les lumières!
6. Réduisez les gaz d'échappement!

Pg 53

papier: 9
métal: 1, 3
végétaux: 7, 8
carton: 2
plastique: 4, 6
verre: 5

Pg 56

1. poire
2. petit
3. fatigué
4. lundi
5. Madrid
6. Londres
7. la Statue de la Liberté
8. un poisson

9. une niche
10. le jardin
11. la voiture
12. la mer
13. juillet
14. musique
15. du lait
16. les carottes
17. le garage
18. les chaussons
19. le soleil
20. le verre

mon père
ma mère
mes parents
mon frère
ma sœur
mes copains
mon grand-père
mes grands-parents
mon oncle
ma tante
mon cousin
ma cousine

The word for 'the' with feminine words is la
The word for 'the' with masculine words is le
The word for 'the' with plural words is les
Most nouns make the plural by adding -s
But some nouns add -x instead.

Mon frère est petit. Ma sœur est petite.
Mon chien est petit. Ma maison est petite.